탕평주의자 선언

서문: 거부
탕평주의자의 '동반자'
탕평주의자의 곤경
탕평주의자의 친구
대안적 자치구

Tangpingist Manifesto

Translator's Introduction

1. Introduction: The great refusal/flat refusal
2. "Fellow Travellers" of Tangpingists
3. The Dilemma of Tangpingists
4. Allies of Tangpingists
5. Alternative Autonomous Communities

Translator's Introduction

This piece's exact origin is hard to discern. It seems to have been either originally posted to WeChat (A popular Chinese social media app), then shared to Chinese language platforms run outside of the control of the CCP, or else vice-versa, on June 1st 2021. Although its source is unclear and the author anonymous, it's important to understand the context from which it arose.

Crushed by the repressive 996 work culture (9am to 9pm, 6 days a week), which is an almost universal experience of people living in China today, Luo Huazhong made the radical decision to cease participation. In a series of quickly censored social media posts, Luo Huazhong ("Kind-Hearted Traveler") told of a different kind of life that he called Tangping.[1]

The lifestyle he detailed was a kind of traveller/drop-out culture with an emphasis on spending as little time at work as possible. In the posts he shared stories of how, rather than grind himself to a pulp in order to live up to the expectations of the dominant culture, and become weighed down by its commodities, he had been happily unemployed for two years. In that time he found that an affordable diet, and modest living conditions were more than sufficient as they allowed him the time

---

1 躺平(Tangping) means to "lying flat." This spawned the slogan "a chive lying flat is difficult to reap" 躺平的韭菜不好割. It has become somewhat known by its transliteration but this definition is important.

to pursue other more worthwhile activities, like cycling from Sichuan to Tibet, climbing mountains, and reading philosophy.

Since April of 2021 when this idea was introduced and then banned from every Chinese social media platform, the idea of Tangping spread quickly and became somewhat of a hot-button issue in Chinese culture. Of course the party was quick to reject it, with party websites calling it bourgeois, or nihilistic. But censorship wasn't sufficient to completely bury it, so state media began to invent a dialogue around what they claimed were the 'real' issues that Tangping had revealed.

Tangping has benefited from being memetic in its origins, as this has allowed it to dodge the censors, and images of chives can still be seen on Chinese social media. Tangping, like most ideas, is shaped by its (in this case mostly anonymous) proponents. Luo Huazhong is not a leader, nor a messiah. He was simply the OP (original poster) of the meme that Tangping became. The author of this piece is just another anonymous Tangpingist.[2]

---

[2] Directly translated it would be 'practitioner of Tangping'.

1.

Introduction: The great refusal/flat refusal

Some of the young people, disgusted at what they see before them, are moving on. Rather than being crushed by a sinister life, they simply live instinctually. Their poses resembling rest, sleep, sickness, and death, are not meant to renew or refresh, but are a refusal of the order of time itself.

The call of those great times that longed to convert life into fuel, once so violently urged them to move forward, is now just an irritating fly buzzing in their ears. This is the moment when one kind of magic fails, and another comes back to life.

As a matter of fact, if it weren't for the reminder of the Tangpingists, people would have forgotten that there is still such a thing as "justice." Just as exploited employees try to reclaim their time from the bosses by touching fish,[3] the Tangpingists, who walk the same path, demand compensation for the endless overdrafts of the past. It's believed that this remediation requires practitioners to reduce one's needs in order to survive by consuming the least and working the least. Yet another growing desire is the redistribution of time and space by society as a whole, so that lying flat may become the practice of most people. The first to wave of this is obviously a kind of Tangping.

Old and new aristocrats who feared losing their

---

[3] Like Tangping, touching fish is a new term coined by Chinese youth in response to an oppressive culture of overwork. The term itself is a play on the proverb "muddy waters make it easy to catch fish" [浑水摸鱼], and the idea is to take advantage of the Covid crisis drawing management's focus away from supervising their employees. It too seems to be growing from a hashtag to a philosophy, so perhaps we will see a Fish Touchers Manifesto soon.

privileges swarmed. They have every reason to panic about this destructive idea that puts labor down like the plague, and against which there is no vaccine. But rather than acknowledging that this philosophy (which grew rapidly) is a mirror reflection of people's minds on a number of real issues, they prefer to decry it as the work of hostile forces. Of course, it makes sense for them to say that. For in the past, the people here have always been the most exemplary producers. Few other social factories in the world can make machines that run this smoothly, without making a single sound, as if the machine itself is a kind of void, without any friction. As if the people themselves were a void, and the nation was a form of reality miraculously snatched from the void.

The denunciation of Tangpingists began. However, these denunciations were so trite and lifeless that the head of the person lying down is not raised. But those who claim that Tangpingists are a mob of lazy scum and unaspiring beggars should hear at least one answer. Don't take it for granted how easy it is to lie flat. On the contrary, from the moment they lay down, the Tangpingist's body was already outside the country. Not only does their existence constitute another ethnic group, but the land on which they lie becomes completely detached from the old country. If this condition does not wish to be disturbed, shouldn't it have nothing to do with sovereignty and property rights? The body has no connection to possession and distribution, and the land is uninterested in management and governance. A radical Tangpingism marks a complete rejection of the current order. The Tangpingists make a merciless mockery of institutional inclusion, and are indifferent to any kind of praise or criticism.

Just rotate the world 90 degrees, and people will discover this unspoken truth: the one who lies flat is standing, and the one who stands is crawling. This secret worldview has become an insurmountable obstacle between the Tangpingists and the citizens. And until the world has been completely changed, the Tangpingists have no reason to change their posture.

2.

"Fellow Travellers" of Tang-ping-ists

Yet, don't think for a moment that there is a uniform Tangpingism. When the first person who called himself a Tangpingist appeared, he could never have imagined that it would make such big waves.

Tangpingism is so enthusiastically supported that those who feel threatened have to pretend they are supporters of this theory as well. How can there be any real comrades among these people? Those who are the first to come forward are just pantomiming the rhetoric to desperately keep themselves crawling. Is there any other way to deal with these Tangpingist "fellow travellers" than to throw excrement in their faces?

13 The first to show their faces were some honorable Tangyingists.[4] Those aristocrats who move between their mansions and BMWs claim than Tangpingism shows the superiority of the order they follow. But in that order, who else lay flat (Tangping) before them? This alone gives their voice its power. Drawing this conclusion from their own lives, they think of Tangping as a form of hedonism based on material abundance. The richer the country, the more idle wanderers can be supported. Therefore, "Tangping in such a country is basically a kind of tangying." It would be more correct to turn this sentence upside down: if there was never tangying (Lie to Win), why are people pursuing

---

4   The phrase Tangying [躺赢] is internet slang that means something like 'winning without even trying'. In this context you can think of Tangyingists as people who are spoonfed a successful existence, like a roman emperor laying in his chair while being fed grapes and fanned with palm leaves.

Tangping (Lie to Equality)?

There is another class of Tangyingists that are more deceptive. With the help of the rhetoric of "Tangping freedom," they successfully repackaged the popular discourse into advertising slogans selling wealth management products. What's more eye-catching than seeking something for nothing ("earning money while lying down") in this age of overwork? However, the Tangpingists certainly made them feel that they had misplaced their expectations. In the past, when they were just completing the tasks given to them by the mainstream order, they felt that debts were always waiting somewhere ahead, as if they were just living for repayment, as if living itself produced debt — but who did they owe? It was when they took a radical Tangping stance against this systematic kidnapping that they felt they had found the right way out. This is the freedom that Tangpingists really found.

Following closely behind were some moderate Tangpingists. They came on the heels of the honorable people, as if afraid of missing out. They say, until now, who hasn't noticed the changes in this world? But as faceless and mediocre figures, what influence are they expected to have? So for them, the essence of Tangpingism is not Tangping, but rather to not transgress or do things beyond the scope an individuals' ability. — As long as the dominant culture still exists, how can you compete? — Therefore there is a call to retreat to a rural Tangpingism. We can also understand that when faced with the judgement of the official, the "radicalist" lying beside them made them tremble more than the judge did. At this time, their entire speech was simply, "My lord, I am only asking for a right to stand at the right time (like a servant). However, even these words were said on their knees. How can we distinguish this kind of kneeling vulgar Tangping (Lie to Peace) from the current philosophy of domination?

Then came the economists who argued for the "rationality" of Tangpingism. Unlike scholars who criticize Tangpingism as a disaster for the country and the people, these economists are inherently optimistic. They say, what rich country is there where young people don't choose to Tangping? In the face of involution,[5] there is no better solution than Tangping. This is also the most natural solution — but isn't it the Tangpingists' own theory? But the explanation behind this is actually that when more people voluntarily withdraw from the competition and choose Tangping, the total labor force will naturally decrease, so this will give the remaining laborers more bargaining power, which is expected to improve the average wage. The assumption here is that the root cause of involution is an oversupply in the labor market. Although Tangping will also reduce consumer demand in the short term, they believe that in the medium

---

[5] Involution is a term coined by Clifford Geertz which broadly describes an economy where increased labor does not yield an equivalently increased output. It is often used to describe modern life in China.

and long term, a market equilibrium will surely emerge.

The problem here is that they only regard Tangping as a "natural" result of market competition, while involution is more a result of a runaway population than a competitive national character (attitude? Ideology?) — this just is another contemporary repackaging of Malthusian population theory. Fortunately, the market will still solve everything. Their Tangping (Lie to Equilibrium) doctrine is the dynamic element of spontaneous regulation of the dominant order. Therefore, who could have contributed more to this society than Tangpingists?

In fact, they are well aware of the situation of those who voluntarily quit. Those natural ("lack of theoretical guidance") Tangpingists always been seen as the lowest-class in regular inspections of the labor market. The major economies of the capitalist world today are all cultivating a rapidly growing gig economy system. If the Tangpingists made the greatest contribution, the implication here is that they were the ones who made the necessary sacrifices for the continuation of the order. Here, the meek kneelers we mentioned will rejoice. Because, since radical Tangpingists are a bunch of unsuspecting saints, it is indeed most profitable to kneel and wait. But those economists will not tell them the disappointing truth: in the absence of democratic labor, Tangpingism, captured by the gig economy, not only fails to increase people's pay, but may also lead to further extension of labor hours.

The last group to arrive, albeit late, were the technologists preaching the automation crisis. Unlike most who focus on the issue of involution, they insist that the spread of automation technology will quickly replace human labor. It will be too late to deal with a wave of unemployment by then. Therefore, Tangping is a rehearsal for the crisis of large-scale automation. Once the crisis comes, society will have to meet the basic living needs of Tangping unconditionally. If Tangpingism meant the abolition of labor, then accelerationism would bring that gift to them. But for the moment, Tangpingism is still too far ahead of its time. As Party members often say, a social ideology will only be compatible with its economic foundation (here it refers to technology as the primary productive force). What is there to worry about such an ideology that has been choked by reality? This means that for these Tangpingists, "the times will wake them up at dawn again and again."

But such arguments precisely ignore the fact that Tangpingism was originally a reaction to accelerationism. Accelerationists will not provide an explanation for why decades of technological progress have not led to a reduction in labor time. Tangpingists do not believe in the messiah of technology, nor do they believe that we can start an alternative society within the existing dominant technological system. Rather, what they state in practical terms is that if labor is abolished, it must happen all at once, immediately, or we will never be able to abolish it.

3.

The Dilemma of Tang-pingists

While debating with various "fellow travelers," the Tangpingists also present their real dilemma.

In fact, as long as the Tangpingist still adheres to an individualistic approach to practice, they are often forced into a cycle of asceticism and exploitation. Indeed, minimizing desire during the stage of asceticism helps us to minimize exploitation as well. But, here is the reality that the economists try to disguise, this then becomes a not-so-new technique of governance that shifts the relative surplus of the population between being "unemployed" and having no income and taking "odd jobs" with no rights or guarantees — note that these terms are both produced with the logic of production as the core. Those who actively defected to Tangpingism either continued to produce that oppressive condition, or they continued to accept it, or both. Since the time of Marx, this has been an important means of hindering the rise of workers' wages (he called it the "industrial reserve army").

The embarrassing aspect of an atomized Tangpingism is that, lacking a path to be practiced on a large scale, it may perish in stagnation. The more one understands it, the less they need it — they are forced into it, excluded from the mainstream order, and have nothing to give up. And the more one needs it, the more they resist its true meaning — for them, there has always been too much order, too many things to give up. Think about those who are caught up in the logics of marriage and family, those who have children, those who seek meaning in job assessments and GPA, those paying off their mortgages...If the Tangpingists have made so many enemies, how can one expect the dominant order to leave them alone?

So, what should you make of a Tangpingism that is reclusive and withdrawn? When Tangpingists first attracted attention on social media, they were presented as such: they had exhausted their social energy with inhumane work, so they shut themselves in a cheap rental house and did not disturb the outside world. They didn't seem to realize that what confined them to a hut of a few square meters was itself part of the order they were trying to refuse. But what could be done about it? Hadn't they already taken that creed of radical Tangpingism as far as they could go?

Let us return to Diogenes for a moment. When Diogenes lay in his barrel and looked out at the world, he did not appear isolated. He did not shy away from advocating his ideas to passersby, and he placed the wooden barrels in the most prosperous road in the center of the ancient Greek world. He was poor, but full of life: lighting up every face in the street with a lantern during the day, supposedly searching for the real man; stepping on the fine carpet of Plato's house, stating he was stepping on the idealist's poor vanity; walking against the flow of the crowd as they left a theater and when asked why, claiming "It is what I have been doing all my life." When his wooden barrel was crushed by iron hoofs, people quickly made another one for him.

Few people know that the order we live in today is more ubiquitous and indestructible than it was in the days of the city-state that imprisoned most slaves. And who do we expect to rescue our ruined barrels? If we reject the order that imprisons most of us, but leave behind the order that separates and divides us and prevents us from loving one another sincerely, what have we rejected?

4.

Allies of Tanping-ists

The world today is rough. In order to save Tangpingism from its bind, so as to realize the great rejection of the current order, it may need another aspect aside from individualism.

In fact, the general conception of mass Tangpingism is radical in nature. Tangpingism does not mean the decoupling of a certain social link, but every link. Tangpingism does not occur in the breakdown of a certain social class and identity community, but in the entire working class. It seeks to link refusal to go to school, to work, to have children, and to have a family, and so it naturally has the potential to link a whole generation of people who are mostly oppressed under the current order. It tries to contact all those who refuse coercion and obedience, men and women, workers and the unemployed, citizens, farmers and nomads, hooligans, students and intellectuals, heterosexuals, homosexuals and other queer people, vagrants and pensioners... what other idea could quietly build the secret affinities to set the stage for a general strike?

Allies we contact include:

- Women and queer people. We reject marriage, family, and sexual relationships that bring them oppressive, discriminatory, and unequal relationships. We refuse to breed for the continuation of patriarchy.

- Workers (whether full-time workers, gig workers, or unemployed). We reject labor orders that create exploitation and alienation. We refuse to create labor value that provides a source of capital for bureaucratic managers and capitalists.

- Peasants and nomads. We refuse to be assimilated into an imposed modern order. We reject economic plunder and cultural extermination. We reject environmental catastrophe. We reject forced migrations.

- Students and intellectuals. We reject the intellectual and cultural production of mainstream ideologies. We reject them monopoly on knowledge.

- Young people, citizens, the homeless, and the unemployed. We reject high rents and housing prices. We refuse to pay housing loans and interest.

- The elderly. We refuse to delay retirement. We refuse expensive medical and nursing care. We refuse to be apathetic and neglected.

- Other theorists and activists who advocate radical change rather than conservative order. For example some Marxists, anarchists, feminists, ecologists, cooperativists...

5.

Alternative Autonomous Communities

Radical Tangpingism is manifested not only in reaching out to a wide range of allies, but also in mutual aid communal relationships and in connecting with those alternative autonomous regions that have or do exist. Without the attempts of these pioneers, the Tangpingists would have no basis for realizing their vision.

A Tangpingist is the smallest autonomous region, and their body is an out-of-control place that drifts around. On any occasion, in any situation, whether it's work, entertainment, classes, meals, mourning, weddings, Tangpingists practice their own ritual, Tangping. Faced with any person or entity, whether it is a leader, a boss, a division commander, or banknotes, medals, and national flags, Tangpingists are loyal to their own label, which is Tangping.

Tangpingists invent their own festivals. In the midst of such festivals, they celebrate neither harvest nor victory. They lie down on the highways where the traffic flows, in the factories where the machines run and the bodies are numb. They neither spend nor indulge. They lie down in shopping malls that serve as contemporary churches, in stately or majestic palaces or modern complexes. In the midst of such celebrations, they do not provide more leisure for themselves, but for others. They did not erect these shelters for themselves, but for all the oppressed.

For those who practice the principle of alternative

autonomy in other ways, whether they are struggling under the siege of high-pressure order, hiding on the top of mountains or jungles that no one cares about, whether they retreat to the borders and corners of this world, or are stationed in the center of noisy and bustling squares, Tangpingists try to find inspiration and enlightenment from their attempts. We are grateful to the following pioneers: the anarchists and Marxists who founded the Paris Commune, the workers who took over the factories in the Spanish Civil War, the escaped slaves who formed marron communities in the Great Dismal Swamp in the United States, the homeless, artists, students and queer people who occupied houses in Berlin, Germany, the autonomous Zapata aborigines of Chiapas, Mexico, and the women who fought patriarchy and organized cooperatives in the Kurdistan region of Syria.......

Through mutual aid and self-determination, Tangpingists will also build their own communities. We seek an alternative to the order of excess that is centered on production and expansion. We seek Tangping anytime, anywhere. We seek to build shelter on deserted and vacant land without being evicted. We seek infrastructure, spatial design and urban layout for leisure and play purposes. We seek an economy of gifts, reciprocity and freedom from exploitation. We seek collective governance with direct democracy and gender equality. We seek to defend common ownership. We seek to tax our existing rent-seekers and renters to pay back what we have been deprived of in the past. We seek a barrel repair fund. We seek to allow residents to pursue their own pleasures with minimal labor. We seek technologies that accelerate Tangping rather than enslavement, so that labor reductions pay off immediately. We seek community care and nurturing. We seek to remove borders and move freely between autonomous regions. In particular we seek attention to those in need — to provide care for those who have suffered from mental and physical pain, money for those who are indebted, care for those with reduced mobility and incapacity, space for those who have suffered discrimination, stigmatization and injustice………

33. And for those who can't join us for the time being, Tangpingists must think of them too ……

It's time to stop fighting each over the rations during artificial shortages. A philosophy of resistance will be given new life from our actions. When the time comes, the Tangpingists will formulate more detailed tasks. But before that, we must make the first barrel.

Tangpingists of the world, unite!

而对于那些暂时无法加入我们的人，躺平主义者也必须为他们考虑……

是时候制止在人为制造的短缺里相互争抢了。一种关于抵抗的哲学将从我们的行动中复活。届时，躺平主义者将制定它更详细的阶段性任务。而在那以前，让我们动手先做第一个木桶。

全世界的躺平主义者，联合起来！

繁华的广场中心，躺平主义者都试图从他们的尝试中寻找灵感和启发。我们对以下这些先驱都表示感谢，他们是成立巴黎公社的无政府主义和马克思主义者，西班牙内战中接管工厂的工人，美国大沼泽the Great Dismal Swamp中形成栗色社区marron communities的逃亡黑奴，德国柏林占领房屋的流浪者、艺术家、学生和酷儿，墨西哥恰帕斯州自治的萨帕塔原住民，叙利亚库尔德地区抗击父权与组织合作社的女性……

通过互助和自决，躺平主义者也将建立起自己的社区。我们寻求替代那种以生产和扩张为核心的过剩秩序。我们寻求随时随地躺平。我们寻求在荒废和空置的土地上搭建居所而不受驱赶。我们寻求基础设施、空间设计和城市布局以休闲和玩乐为目的。我们寻求馈赠、互惠与免受剥削的经济。我们寻求直接民主和性别平等的集体治理。我们寻求捍卫共同所有权。我们寻求向现有的寻租和食利者征收税款，以偿还过去对我们的剥夺。我们寻求一个木桶生活基金。我们寻求让居民在最少的劳动之外追求他们自己的乐趣。我们寻求加速躺平而不是奴役的技术，以使减少劳动可以立刻兑现。我们寻求社区共同照料和养育。我们寻求取消边境，在各个自治区之间自由迁徙。我们尤其寻求对那些存在困难的人的关注——为曾经承受精神和生理病痛的人提供疗养，为负债拮据之人提供补助，为行动不便和失去自理能力的人提供护理，为遭受过歧视、污名化和蒙冤的人提供控诉的空间……

激进的躺平主义不仅表现在联络广泛的盟友上，而且表现在互助的社群关系以及联络那些已经或曾经存在的替代性自治区上。如果没有这些先行者的尝试，躺平主义者在实现他们的愿景时也就没有了凭借。

一个躺平主义者就是最小的自治区，而他们的身体是四处漂移的编外之地。在任何场合、任何情形中，无论是工作、应酬、受课，还是进食、哀悼、婚礼，躺平主义者践行他们自己的仪式，即躺平。面对任何人物、任何事体，无论是领袖、上司、师长，还是钞票、勋章、国旗，躺平主义者忠于他们自己的标识，即躺平。

躺平主义者发明他们自己的节日。在这种节日当中，他们既不庆祝丰收，也不庆祝胜利。他们躺倒在那些车来车往的高速公路上，躺倒在那些机器运转、身体麻木的厂房里。他们既不花费，也不沉醉。他们躺倒在那些作为当代教堂的购物中心里，躺倒在那些庄严或雄伟的宫殿或现代建筑群。在这种庆祝当中，他们不是为自己提供了更多闲暇，而是为他人。他们不是为自己支起了这些避难所，而是为所有受压迫的人。

对于那些以其它方式践行替代性自治原则的人们，无论他们挣扎于高压秩序的围堵之下，还是隐秘在无人问津的山巅或丛林，无论他们退居于这个世界的边陲和角落，还是驻扎在喧闹

5

替代性自治区

c、农民和游牧民。我们拒绝被一种强加的现代化秩序所同化。我们拒绝经济掠夺和文化灭绝。我们拒绝环境灾难。我们拒绝强制迁徙。

d、学生和知识分子。我们拒绝主流意识形态的知识和文化生产。我们拒绝知识垄断。

e、年轻人、市民、流浪汉和失业者。我们拒绝高昂的房租和房价。我们拒绝支付住房贷款和利息。

f、老年人。我们拒绝延迟退休。我们拒绝昂贵的医疗和护理。我们拒绝冷漠和无人陪伴。

g、其它主张激进变革而不是保守秩序的理论家和活动家。例如一部分马克思主义者、无政府主义者、女权主义者、生态主义者、合作主义者……

…………

当下的世界是崎岖的。要将躺平主义从一种不上不下的尴尬境地中拯救出来，从而实现对现行秩序的大拒绝，缺乏一种个人主义之外的联结是难以做到的。

实际上，关于大规模躺平主义的普遍构想，人们的初衷本来就是激进的。躺平主义不是发生在某一个社会环节的脱钩，而是发生每一个环节。躺平主义不是发生在某一个社会阶层和身份社群的决裂，而是发生在全部工人阶级。它试图将拒绝考学、工作、生育和成家联络起来，于是它自然而然地拥有了将大多数在现行秩序下受到压迫的整整一代人联络起来的潜力。它试图联络一切拒绝强迫和服从的人，男人和女人，工人和失业者，市民、农夫和游牧民，流氓、学生和知识分子，异性恋、同性恋和其它性少数，流浪者和负房贷者……还有什么比这更像一场在默契中缓缓进行的总罢工呢？

我们联络的盟友包括：

a、女性和性少数。我们拒绝给ta们带来压榨、歧视和不平等的婚姻、家庭和性关系。我们拒绝为父权制的延续而生育。

b、劳动者（无论是全职工人、零工还是失业者）。我们拒绝制造剥削和异化的劳动秩序。我们拒绝创造为官僚管理者、资本家提供资本来源的劳动价值。

4

平躺主义者的盟友

那么，又如何看待那种避世和孤僻的躺平主义？当躺平主义者在社交媒体上最先引起人的注意时，他们就被呈现为这样的形象：被不人道的工作耗尽了社交精力，因而将自己幽闭在廉价的出租屋中，与屋外的世界互不打扰。他们仿佛没有意识到，那种将他们禁足在几平米的小屋内的东西，本身也是他们试图拒绝的秩序的一部分。可是，又有什么办法呢？他们不是已经将那种激进躺平主义的信条做到他们所能做到的极致了吗？

让我们暂时回到第欧根尼。当第欧根尼躺在自己的木桶里望向这个世界时，他并不显得与世隔绝。不避讳向过往的路人宣扬主张，他将木桶安在古希腊世界中心最繁华的路段。他贫穷，但生机勃勃：在白日提着灯笼照亮大街上每个人的脸，据说是在寻找真正的人；踏上柏拉图家中精美的地毯，宣称正踏着这位理念论者可怜的虚荣心；在剧院散场时逆人流而上，坦言这是自己一生都在练习的事。当他的木桶被铁蹄踏碎，人们很快又给他做了一个。

鲜有人不知，我们今天所处的秩序比那个监禁了大多数奴隶的城邦时代更加无处不在，更加坚不可摧。我们又期望谁来拯救我们被毁坏的木桶呢？如果我们拒绝了绝大多数囚困住我们的秩序，却唯独留下那种隔绝和分化我们、使我们不能真诚相爱的秩序，我们又到底拒绝了什么呢？

在与各类"同路人"展开辩论的同时，躺平主义者也呈现出自己的真实困境。

实际上，只要躺平主义者仍然奉行一种个人主义的实践方法论，他就往往被迫在苦行僧式的禁欲主义与无法避免的偷腥之间循环往复。的确，在修苦行的阶段将欲望降到最低，有助于我们将被剥削的程度也降低最低。但正如我们的经济学家试图掩饰的那样，它恰恰可以成为一种并不新奇的治理术，即控制相对剩余人口在没有收入的"失业者"与无权利和保障可言的"零工"之间来回转换——注意这两个称呼都是以生产逻辑为核心的话语生产。对于那些主动投奔躺平主义的人来说，他们要么继续生产那种压迫人的条件，要么继续接受压迫，或者两者都是。自马克思的时代以来，这就是阻碍工人工资上涨的重要手段（他称之为"产业后备军"）。

个人躺平主义的尴尬之处正在于，由于缺乏得以大规模实践的路径，它可能沦为又一种悬置的话语。越是天然地实践了它的人越不需要它——他们被迫地处在这种没有选择的境地里，被排斥在主流秩序之外，原本没有什么可放弃。而越是需要它的人越抵触它的真实含义——对于他们来说，秩序向来又太多，无法放弃的东西太多。想一想那些陷入婚姻和家庭法则的人，那些生儿育女的人，那些在工作考核和刷绩点中寻求意义感的人，那些偿还房贷的人……如果躺平主义者纠集了如此众多的反对者，如何期望这种秩序会放过他们呢？

3

躺平主义者的困境

技术的弥赛亚的，也不认为在现有的统治性技术系统中，我们可以开启一个替代性社会。相反，他们用实际行动声明的是，如果废除劳动，请现在立刻大踏步地废除，否则我们就永远废除不了。

献，那么这里的隐含意思是说，他们就是为着秩序的延续作出了必要牺牲的人。在此，我们提到过的温良的下跪主义者将感到欢欣鼓舞。因为，既然激进的躺平主义者是一群缺心眼的圣徒，那么跪着等待就的确是最有利可图的。可是那些经济学家不会说出令他们失望的事：在缺乏劳动民主的情况下，被零工系统捕获的躺平主义，不但不能增加人们的报酬，还可能导致劳动时间的进一步延长。

最后一群虽迟但到的是宣扬自动化危机的技术专家。与大多数人将焦点放在内卷问题上不同，他们坚持自动化技术的推广会迅速取代人类劳动力。如果到那时再去应对失业浪潮，就未免太晚了。因而，躺平正是应对大规模自动化危机的预演。一旦危机到来，社会将不得不无条件地满足躺平的基本生活需求。如果躺平主义指的就是废除劳动，那么加速主义会把这个礼物带给他们。但就眼下来说，躺平主义还是太超前了。就像党员们常说的，一种社会意识形态只会与其所处的经济基础（这里尤指技术这个第一生产力）相配适。对于这样一种被现实扼住了喉咙的思想，又有什么可担心的呢？这就是说，那些声称要躺平的人，"时代都会一次又一次把他们在黎明时分唤醒"。

但是，这样的论调恰恰忽略了躺平主义原本是加速主义的一种反动。加速主义者不会提供一个解释，为什么几十年来的技术进步并没有带来劳动时间的减少。躺平主义者是不信奉什么然后轮到那些论证躺平主义"合理性"的经济学家。与那些批判躺平主义祸国殃民的学者有所不同，这些经济学家是天生的乐观派。他们说道，又有哪个富裕国家的年轻人不选择躺平的呢？面对内卷，没有比躺平更好的解决办法了。这也是最自然的解决办法——可这难道不正是躺平主义者自己的理论吗？但这背后的解释其实是说，当更多人自愿退出竞争而选择躺平，总的劳动力自然而然就减少了，因而这会带给剩下的劳动者更多的议价能力，从而有望提高劳动力的平均价格。这里的假设是，造成内卷的根源是劳动力市场中的供过于求。尽管在短期内，躺平也会降低消费需求，但他们相信就中长期来说，市场均衡一定会出现。

这里的问题是，他们仅仅将躺平视为一种市场竞争的"自然"结果，而内卷除了源自一种相互争抢的民族性格，更多是由于人口的失控——这是马尔萨斯人口论的又一个当代翻版。所幸，市场仍然会解决一切问题。他们的躺平 Lie to Equilibrium 主义就是这种秩序中自发调节的动态因素。因而，还有什么人比躺平主义者对这个社会的贡献更大的呢？

其实，他们对那些自愿退出者的境遇是心知肚明的。那些天然的（"缺乏理论指导"的）躺平主义者总是在对劳动力市场的定期巡回中成为一个最末等的存在的。今日资本主义世界的主要经济体，无不培育着一个成长迅猛的零工经济系统。如果说躺平主义者做出了最大的贡感到错付了期望。相比于为太多的资产而烦恼，考虑如何实现保值，躺平主义者总是更关心如何免除自己名下的债务的。过去，当他们只是在完成主流秩序交给他们的任务时，他们感到债务总是在前方的某处等着，好像不过是为了偿还而活，好像活着是一种负资产——可是，他们又欠了谁的呢？当他们采取彻底的躺平姿态来对抗这种系统性绑架的时候，他们才感到找准了出路。这就是躺平主义者真正找到的自由。

紧跟着的是一些温良派的躺平主义者。他们踩着体面人物的脚后跟赶到，好像生怕错过了什么机会。他们说，事到如今，又有谁没有认识到这个世道的变化呢。但是，作为没头没脸的庸常人物，又指望他们去左右什么局面？于是在他们这儿，躺平主义的要义总之不是躺平，而是不越轨去做超出个人能力范围的事。换句话说，他们要求每个人认清自己在社会中所处的位置，谨守本分——只要世道还在，又有什么是不能退而求其次的呢？——因而又有一种号召退往田园的躺平主义。我们也就很能理解，在面对官老爷的诘难时，他们身边躺着的"激进主义者"比堂上那个执令牌的更让他们发抖了。这时他们全部的发言仅仅是，"大人，小的不过是求一个（像仆从一样）适时站着的权利罢了"。可是，连这番话也是跪着说的。对于这种下跪式的庸俗躺平 Lie to Peace 主义，我们又怎么能把它同台面上的统治哲学区分开呢？

但是，不要就此认为存在一种统一的躺平主义。当第一个自称为躺平主义者的人出现时，他绝不会想到这将激起如此大的波澜。

对躺平主义的拥护是如此热烈，以至于那些感到威胁的人也要纷纷假装自己是这种理论的支持者。这些人中怎么会有真同志呢。这些最先上前的人，恰恰是借助清谈来帮助自己更加卖力地爬行罢了。对于这些躺平主义者的"同路人"，除了将排泄物掷回他们自己的脸上，难道还有别的办法吗？

首先露脸的是一些体面的躺赢主义者。那些出入豪门深宅、上下香车宝马的躺贵一族，宣称躺平主义彰显了他们所遵循的那种秩序的优越性。可是，在那种秩序当中，又有谁是比他们更先躺平的呢？仅凭这一点，他们就占据了很大的话语权。以自己的生活为模版，他们认定躺平是一种建基于丰富物质基础上的享乐主义。而越是富足的国度，所能供养的无所事事的游仙就越多。因而，"在这样的国家躺平，根本上已是一种躺赢"。将这句话颠倒回来理解会更正确一些：如果从未存在躺赢 Lie to Win，人们又为什么开始追求躺平 Lie to Equality？

还有一类躺赢主义者更具有迷惑性。他们借助"躺平自由"这样的说辞，顺利地将流行话语再次包装成兜售理财产品的广告词。又有什么比在这个过劳时代寻求不劳而获（"躺着赚钱"）更抓人眼球的？然而，躺平主义者无疑让他们

2

躺平主义者的"同路人"

力搞的鬼。这样讲也不是没有道理的。因为在过去，这里的子民一向是最最模范的生产工具。世界上极少有别的社会工厂还能做到让机器像这样平滑地运转，不发出一点声响，仿佛机器本身是一种虚空，不产生任何摩擦。仿佛人民本身是一场虚空，而这个国家是奇迹般从虚空中求到的一种实在形式。

对躺平主义者的声讨开始了。然而，这些声讨是这样陈腐和苍白，以至于躺下来的人头也不抬。但那些宣称躺平主义者是由懒惰成性的败类和没有抱负的乞丐组成的乌合之众的人，至少应该听到一次回答。不要想当然地以为，躺平是一件多么容易的事。恰恰相反，从躺下的那一刻起，躺平主义者就已经身处这个国家的外部。不仅他们的存在构成另一个族群，而且他们躺下的土地，也随之成为与旧日的国家毫无瓜葛的编外之地。如果这种状态不希望受到任何打扰，难道它不应该与任何主权和产权无关吗？身体与占有和分配脱钩，土地与经营和治理无缘。一种激进的躺平主义，标志着对现行秩序的大拒绝。躺平主义者对体制收编进行着无情的嘲弄，对任何优抚与贬低都无动于衷。

只要将世界整个儿地倒转90度，人们就会发现这个平日里不可说的真理：躺平的才是站立的，而站立的正是爬行的。这一客观存在的隐秘角度，成为躺平主义者与我国国民之间无法逾越的障碍。而在世界被彻底改变以前，躺平主义者没有理由改变他们的姿态。

一部分对眼前之事摇头作呕的年轻人，已经提前了。与其说他们是被险恶的生活所放倒，不如说只是遵从了生命的本能形式。在接近休憩、睡眠、伤病和死亡的姿势当中，一切并非重新开始或停顿，而是陷入对时间秩序本身的拒绝。

那些渴望将生命转换为燃料的伟大时代的召唤，曾经如此亢奋地催逼他们前进，现在像一只绿头苍蝇在耳边惹人厌恶地打转。这是一种魔法失效的时刻，也是另一种魔法复活的时刻。

实际上，如果不是躺平主义者的提醒，人们已经忘记还有"正义"这回事。就像社畜试图通过摸鱼来向剥夺者声索自己失去的时间，沿着同一条道路，躺平主义者要求获得对过去无底线透支的补偿。一种下落的索偿，要求践行者压缩个人的需求，力求通过最低的消费和最少的劳动来延续生存。而另一种上升的索偿，无疑要求整个社会对时间和空间的重新分配，以使得躺平可能成为大多数人的实践。而率先抵达的显然是前一种躺平。

对维持特权缺乏信心的新老贵族们聚拢起来了。对于这种形同瘟疫一般将劳力放倒、却没有疫苗能够奏效的有害念头，他们没有理由不感到恐慌。但是，相比于承认这一哲学（它很快成长为哲学了）是人民的心灵对若干现实问题的镜像反映，他们宁愿宣称这照旧是敌对势

1

序：大拒绝

躺平主义者宣言

1 序：大拒绝
2 躺平主义者的"同路人"
3 躺平主义者的困境
4 躺平主义者的盟友
5 替代性自治区

躺平主义者宣言

佚名

나무통을 만들자.

전 세계의 탕핑주의자들이여, 단결하라!

(번역: 홍명교, 교열: 성상민)

한다. 우리는 언제 어디서나 탕핑하고자 한다. 우리는 황폐하고 비어있는 땅에서 쫓겨나지 않고 거처를 마련하고자 한다. 우리는 휴식과 오락을 목적으로 한 인프라와 공간 디자인, 도시 설계를 추구한다. 우리는 선물과 호혜가 가능하고, 착취로부터 자유로운 경제 관계를 추구한다. 우리는 직접 민주주의와 성평등의 집단 거버넌스를 추구한다. 우리는 공동 소유를 수호할 방안을 모색할 것이다. 우리는 현재 임대를 통해 이윤을 추구하는 자들에게 세금을 징수함으로써, 과거에 빼앗긴 것을 돌려받으려 한다. 우리는 나무통 생활기금을 추구한다. 우리는 주민들이 최소한의 노동 외에 그들 자신의 즐거움을 추구할 수 있도록 할 것이다. 우리는 노역의 기술보다는 탕핑의 가속을 추구하며, 이를 통해 노동시간 감축을 실현해나갈 것이다. 우리는 공동체의 공동 돌봄을 추구할 것이다. 우리는 국경을 없애고, 각 자치구 간에 자유로운 이주를 모색할 것이다. 특히 우리는 곤경에 빠진 이들에게 관심 ― 정신적·신체적 고통을 겪는 이들을 위한 요양, 빚으로 궁핍에 빠진 사람들을 위한 보조, 거동이 불편하고 자기관리 능력을 상실한 사람들을 위한 돌봄, 차별받거나 누명을 쓴 이들을 위한 공간 ― 을 가질 것이다.

당분간 우리와 합류할 수 없는 이들에 대해 탕핑주의자들이 반드시 고려해야 하는 바가 있다면…

바로 인위적으로 만들어진 결핍 속에서 서로 다투는 것을 중단해야 한다는 점이다. 저항의 철학은 우리의 행동으로부터 되살아날 것이다. 그때쯤이면 탕핑주의자들은 자신들의 보다 상세한 단계적 임무를 정해야 할 것이다. 그렇게 하기 전에, 우선 우리의 첫번째

적거려도, 혹은 아무도 찾지 않는 산꼭대기나 정글에 은밀하게 숨어 있을지라도, 또는 이 세계의 변방과 모퉁이에 물러나 있거나 시끌벅적하고 번화한 광장 한복판에 주둔하고 있든, 탕평주의자들은 하나같이 그들의 시도들 속에서 영감을 찾고 계발하려 시도한다. 우리는 다음에 열거하는 선구자들에게 감사를 표하고자 한다. 그들은 파리코뮌을 세운 무정부주의자들과 마르크스주의자들이었으며, 스페인 내전에서 공장을 접수했던 노동자들이었다. 미국의 디즈멀 스왐프Great Dismal Swamp에서 마룬 공동체들marron communities[7]을 형성했던 도망간 흑인 노예들이었고, 독일 베를린에서 주택을 점거[8]한 유랑자들과 예술가들, 학생들, 퀴어들이었다. 멕시코 치아파스주의 사파티스타 원주민들[9], 시리아 쿠르드지역에서 가부장제에 맞서 협동조합을 조직한 여성들[10]이었다.

30

상호협조와 자결을 통해 탕평주의자들 역시도 나름의 코뮌을 만들 것이다. 우리는 생산과 확장을 핵심으로 하여 과잉생산을 야기하는 질서를 대체하고자

7   디즈멀 스왐프의 마룬 공동체 : 16~17세기 유럽에서 온 착취자들은 아프리카에서 납치한 흑인들을 노예로 삼아 인간 이하의 취급을 하며 착취하고 학살했다. 이렇게 착취 당하던 노예들 중 어떤 이들은 탈출하거나 반란에 성공해 자신들만의 공동체를 조직하기 시작했다. 이들은 주로 버지니아나 조지아, 루이지애나, 플로리다 곳곳의 늪지대에 살았는데, 때로는 수천 명 규모의 공동체를 유지하며 백인 침략자들과 무역 거래를 하기도 했다. 백인 농장주들은 종종 이들을 잡아들이기도 했다. 19세기까지 살아남은 마룬 공동체들은 남북전쟁이 일어났을 때 흑인 노예 해방을 위해 참전했다.
8   독일 베를린 주택 점거 : 베를린은 다양한 방식의 세입자 운동이 활발하게 일어나는 도시 중 하나다. 1970년부터 2014년 사이 630채 이상의 주택 점거운동이 일어났고, 투쟁을 통해 이 중 3분의1이 합법적인 점유의 권리를 쟁취할 수 있었다. 이는 오늘날 베를린 주택 공유화 흐름으로 이어졌다.
9   사파티스타 원주민 투쟁 : 멕시코 남부 치아파스주의 원주민들은 1990년대 이후부터 신자유주의 세계화와 시장화에 맞서 원주민들의 권리를 지키기 위해 급진적인 참여민주주의와 무정부주의, 마르크스주의적인 이념을 결합해 자신들의 공동체 운동을 광범하게 전개했다. 사파티스타 민족해방군 부사령관 마르코스는 이 운동이 낳은 전 세계적인 스타이다. 그는 "우리의 말이, 우리의 무기입니다"라는 구호로도 유명하다.
10 쿠르드족 로자바 자치구 : 시리아 북부에 위치한 비공식적인 쿠르드족 자치구로, 근대국가 성립에 실패한 쿠르드족 민중이 구성한 정치 공동체이다. 로자바 정부는 민주적이고 생태주의적이며, 성평등에 입각한 민주적 사회주의를 지향하는 혁명운동을 바탕으로 건설되었다.

급진적 탕핑주의는 광범위한 동맹들에 대한 네트워크뿐만 아니라, 상호협력의 공동체 관계와 이미 존재했거나 앞서 존재했던 대안적 자치구의 네트워킹에서도 나타난다. 만약 이와 같은 선구자들의 시도가 없었다면, 탕핑주의자들은 그들의 비전을 실현하는 데 기댈 곳이 없었을 것이다.

한 사람의 탕핑주의자는 바로 가장 작은 자치구이며, 그들의 몸은 이리저리 떠다니는 편제 바깥의 땅이다. 어떤 경우 어떤 상황에서, 그것이 일이든 교제든 수업이든 아니면 밥을 먹거나 누군가를 애도할 때, 혼례를 할 때에도 탕핑주의자는 그들 자신의 의식, 즉 탕핑을 실천한다. 어떤 인물이나 사물을 마주하든, 그게 지도자이든, 직장 상사이든, 사단장이든, 아니면 돈이나 훈장, 국기일지라도, 탕핑주의자는 그들 자신의 지표, 즉 탕핑에 충실한다.

탕핑주의자는 그들 자신의 명절을 발명한다. 이러한 명절에서 그들은 풍작이나 승리를 축하하지 않는다. 자동차가 달리는 고속도로에서, 기계가 돌아가고 몸이 마비된 공장 안에서도 탕핑주의자는 눕는다. 그들은 돈을 쓰지도, 취하지도 않는다. 그들은 현대의 교회인 쇼핑몰에, 장엄하거나 웅장한 궁전과 현대 건축물 같은 곳들에서 드러눕는다. 이러한 경축 속에서 그들은 자신들을 위해 더 많은 여가를 제공하는 게 아니라, 타인을 위해 그렇게 한다. 그들은 자신을 위해 피난처를 마련하는 게 아니라, 억압받는 모든 사람들을 위해 피난처를 세운다.

대안적 자치의 원칙을 다른 방식으로 실천하는 사람들에 대해, 그들이 고압적인 질서에 포위 당해 허우

대안적

자치구

- 농민과 유목민. 우리는 강요된 현대화 질서에 동화되기를 거부한다. 우리는 경제적인 수탈과 문화의 절멸을 거부한다. 우리는 환경 재난을 거부한다. 우리는 강제 이주를 거부한다.

- 학생과 지식인. 우리는 주류 이데올로기의 지식과 문화 생산을 거부한다. 우리는 지식 독점과 사유화를 거부한다. 우리는 정신노동과 육체노동의 분리를 거부한다.

- 청년, 시민, 부랑자, 실업자. 우리는 높은 월세와 집값을 거부한다. 우리는 주택 대출금과 이자의 지불을 거부한다.

- 노인. 우리는 정년퇴직의 지연을 거부한다. 우리는 값비싼 의료비와 간호비를 거부한다. 우리는 무관심과 동반자 없는 노년을 거부한다.

- 보수 질서가 아닌 급진 개혁을 주장하는 기타 이론가와 활동가. 예컨대 일부 마르크스주의자들과 아나키스트, 페미니스트, 생태주의자, 협동조합 운동가들.

작금의 세상은 순탄치 않다. 탕평주의를 이러지도 저러지도 못하는 곤란한 처지로부터 구해내 현존 질서에 대한 총체적 거부를 실현하려면, 개인주의 이외의 연결고리가 없는 상태에서는 불가능하다.

사실 대규모 탕평주의에 관한 보편적인 구상은 사람들의 처음 구상했을 때부터 급진적이었다. 탕평주의는 어떤 한 사회의 순환로에서 벗어나脫鉤 발생하는 게 아니라, 모든 고리로부터 발생한다. 탕평주의는 특정 사회계층과 신분집단의 결별이 아니라, 노동자계급 전체에서 발생한다. 입시와 일, 보육과 가정을 이루는 것에 대한 거절을 연결시키고자 했고, 그렇게 해서 그것은 자연스럽게 현 질서 하에 억압받는 모든 세대를 연결시킬 수 있는 잠재력을 갖게 되었다. 그것은 강요와 복종을 거부하는 모든 사람들, 남성과 여성, 노동자와 실업자, 시민과 농민, 유목민, 건달, 학생과 지식인, 이성애자와 동성애자, 그리고 그밖의 성소수자들, 노숙인과 마이너스 주택 대출자들을 연결하고자 시도하는 것에 있다. 이보다 더 비밀스러운 협약 속에서 천천히 진행되는 총파업이 또 있을까?

우리가 연결하고자 한 동맹군은 다음을 포함한다.

∘ 여성과 성소수자. 우리는 그들에게 전가된 억압과 착취, 차별적이고 불평등한 결혼, 가정, 성관계를 거부한다. 우리는 가부장제의 연장을 위한 출산을 거부한다.
∘ 노동자(풀타임 직장인이든, 긱 노동자든, 실업자든). 우리는 착취와 소외된 노동질서의 조성을 거부한다. 우리는 관료와 관리자, 자본가들을 위해 자본의 근원인 노동가치를 제공하는 것을 거부한다.

른 종류의 조직으로 몰아내는 것을 의미한다면, 사회적인 공포와 도피는 단절되지 않을 것이다. 왜냐하면 모든 생명활동이 점차 더더욱 노동을 착취하는 방향으로 조정되고 체험되고 있기 때문이다. 탕핑주의자들의 황량함은 바로 이런 사회 공장으로부터의 벗어나려는 시도가 실패해버린 결과다. 만약 우리가 절대 다수의 수형자들이 우리를 가두고 있는 질서를 거부한다면, 우리를 격리시키고 분할하여 우리가 서로를 사랑할 수 없게 만드는 그런 질서만이 유일하게 남게 될 것이다. 그것은 사실상 다르지 않은데, 대체 우리는 무엇을 거절한 것인가?

마지막 문제는 자본주의에 대한 기술 이데올로기가 자동화가 불러온 편리를 통해 노동이 필요 없는 약속하고 있다는 것이다. 그렇다면 임대주택에 사는 탕핑주의자란 살아 있지 못하다는 것일까? 이 생생한 만화적 이미지에 힘입어, 우리는 바로 다음과 같이 말하고자 한다. 이러한 미래는 강제 폐지된 노동 이후의 생명을 예시하는 게 아니다. 자발적으로 노동에 복역하는 생명을 활용해 비자발적으로 노동에 복무하는 것으로 대체하는 것이다. 이러한 노동은 우리의 생명과도 결부되어 있어, 인간의 정신도 이러한 활동 속에서 손실된다. 몸을 일으켜 문을 나서면, 마치 시시포스Sisyphos의 거대한 바위를 방불케 하는 어렵고도 힘든 일이 될 수 있을까. 영원히 그 문을 나설 수는 없겠지만, 계속해서 걷고 또 걷는다. 밥 먹을 때든, 아니면 잠을 잘 때든 말이다. 잠결에 꿈 속에서도 마치이미 오랫동안 걸어 쉬지도 못하는 것처럼. 노동의 의지는 이처럼 우리가 배척하는 노동의 신체 안에 관철된다. 앞서 찾아온 미래에서 우리는 이처럼 치유할 수 없는 가속주의의 정신질환을 앓고 있는 것이다.

이 펼쳤다. 그는 가난했지만 생기가 넘쳤다. 대낮에 등불을 들고 거리에 있는 모든 사람들의 얼굴을 비추면서 진정한 인간을 찾겠다고 했고, 플라톤의 비싼 카펫을 밟으면서 이 관념론자의 가엾은 허영심을 밟고 있노라 선언했다. 극장에서 공연이 끝날 때 쏟아져나오는 인파를 역행하면서 평생 연습했던 일이라며 하기도 했다. 그가 개와 어린이, 방랑자로부터 배우고 귀족이나 상인으로부터 배우지 않음으로써, 가난은 질서를 유지하는 조건이 아니라 반란을 일으킬 수 있는 일종의 조건으로 바뀌었다. 이와 같은 '조반造反'[6]은 가난에서 벗어나기 위한 것이 아니라, 가난의 지혜를 나누기 위한 반란이기도 하다. 그가 법을 어겨 귀양을 가게 되었을 때에도, 그는 순리대로 모든 나라의 망명자가 되었다. 그가 강도들로부터 납치되어 노예로 팔렸을 때, 그는 자신을 산 구매자에게 주인을 살 필요가 있는지 물었다. 그의 나무통이 쇠발굽에 밟혀 박살났을 때, 그는 곧 또 다른 나무통을 찾아냈다.

물론 우리는 오늘날 억압받는 자들이 처해있는 질서가 노예 대부분을 감금해두고 있던 고대 그리스의 도시국가 시대보다는 더욱 광범하고 견고하다고 말할 이유가 있다. 우리는 또 어디로 가서 우리의 무너진 나무통을 건지길 기대할까? 그러나 우리는 인류의 생명이 여전히 생산에 의해 집어삼켜지는 역사적 과정에 있다는 것을 잊어버렸다. 우리가 해방을 이야기할 때 만약 그것이 그저 질 낮은 노동조직에서 다

6 조반(造反): '반란을 일으키다'는 뜻. 문화혁명 당시 사령부를 포격하라는 마오쩌둥의 선동에 많은 학생들이 호응했는데, 칭화대학 부속중학에 다니던 한 학생이 쓴 대자보가 돌고돌아 마오쩌둥에게 전달되었을 때 마오쩌둥이 이에 응답하며 "혁명은 죄가 없다. 모든 반항에는 이유가 있다(革命無罪 造反有理)"고 답장을 썼다.

사람들, 업무고과와 성적표에서 삶의 의미를 찾는 사람들, 주택 대출금을 갚아야 하는 사람들을 생각해보라. 만약 탕핑주의자들이 이렇게 많은 반대자를 규합했다면, 어떻게 그 질서가 그들을 놓아주리라 기대할 수 있겠는가?

그렇다면 그러한 회피적이고 황량한 탕핑주의를 어떻게 볼 것인가? 탕핑주의자들이 소셜 미디어에서 가장 먼저 사람들의 관심을 끌 때, 그들은 다음과 같은 이미지로 나타난다. '비인도적인 일들에 사회적 에너지를 소모하고, 그렇기에 자신을 값싼 임대주택에 유폐시켜, 집 바깥의 세계와 서로 간섭하지 않는 사람들'이라고. 만약 디지털 플랫폼에서 파견한 배달 노동자가 대문을 두드리지 않는다면, 그들은 하루종일 일어나기도 힘들었을 것이다. 그들은 마치 자신들이 몇 평방미터의 작은 방 안에 갇힌 물건에 불과하다는 것, 그리고 그들 자신이야 말로 자신들이 거부하려는 질서의 일부라는 걸 깨닫지 못한 듯하다. 그와 같은 생산 지속의 통치술은 제도적 활동이면서, 창조를 감축하는 통치술이기도 하다. 하지만 무슨 방법이 있겠는가? 그들은 이미 그러한 급진적인 탕핑주의의 신조를 자신들이 할 수 있는 한 최대한으로 해내지 않았나? 오늘날, 사회생산과 생명정치는 너무나 촘촘하게 얽혀 있다. 우리는 우선 전자에서 벗어나면 곧 죽을 것처럼 여기지만, 그것은 과연 사실인가?

잠시 시노페의 디오게네스의 시대로 돌아가보자. 디오게네스는 자신의 나무통 안에 누워 세상을 바라보았는데, 그때 그는 결코 세상과 단절된 것처럼 보이지 않았다. 그는 고대 그리스 세계 한복판에서 가장 번화한 길목에 나무통을 설치했다는 주장을 서슴없

다양한 동반자들과 논쟁을 벌이면서 탕핑주의자들 역시 자신들의 진짜 딜레마를 드러냈다.

사실 탕핑주의자들이 여전히 개인주의적인 실천 방법론을 고수하는 한, 그들은 고행하는 승려들이 하는 금욕주의와 피할 수 없는 속임수를 반복하도록 강요 당하게 된다. 분명 고행을 수행하는 단계에서 욕망을 최소화하는 것은 우리가 착취당하는 정도를 최소화 하는 데 도움이 될 것이다. 그러나 경제학자들이 숨 기려 했던 것처럼, 그것은 그리 새롭지 않은 통치술 이 될 수도 있다. 상대적 잉여인구가 소득이 없는 '실 업자'와 권리가 보장되지 않는 '긱노동자' 사이를 오 가는 것을 통제하겠다는 것이니 말이다. 주체적으로 탕핑주의에 의탁한 사람들의 입장에서, 그들은 그러 한 억압적인 조건을 계속해서 만들어내야 하거나, 아 니면 계속 억압을 감당하거나, 혹은 둘 모두를 해야 한다. 이는 모두 마르크스가 살았던 시대에서 노동자 들의 임금 인상을 가로막는 중요한 수단(마르크스는 이를 '산업예비군'이라고 불렀다)이었다.

개별 탕핑주의의 부자연스러운 지점은 바로 대규모 실천의 통로가 부족하다는 것, 그렇기에 탕핑주의가 또 다른 유예의 말로 전락할 수 있다는 점이다. 천성 적으로 탕핑을 실천하는 사람일수록 탕핑주의를 필 요로 하지 않을 것이다 — 어쩔 수 없이 선택의 여지 가 없는 상황에 내몰리고 주류 질서에서 소외되어, 포기할 무언가를 아예 갖고 있지 않았기 때문이다. 하지만 탕핑을 필요로 하는 사람일수록 탕핑주의의 함의를 거스르게 된다 — 그들의 입장에서 본래부터 질서는 너무 많고, 포기할 수 없는 게 너무 많다. 혼인 과 가정의 법칙에 빠진 사람들, 아이를 낳아 키우는

탕평주의자의 곤경

의는 여전히 머나먼 일이다. 당원들이 말하듯, 사회의
이데올로기는 그것이 처해 있는 경제적 토대(특히 여
기서는 '기술')에 서로 부합한다. 현실에 목이 졸린 이
러한 발상에서 무슨 걱정할 것이 있겠는가? 이는 곧
탕핑하겠다는 사람들이야말로 "시대는 거듭해서 새
벽마다 그들을 일깨운다"[5]고 할 수 있지 않겠는가. 여
기서 가속주의자들과 당이 통일전선을 이루고 있다
는 점은 조금도 놀라운 일이 아니다.

그러나 이러한 논조는 바로 탕핑주의가 본래 가족주
의에 대한 반작용이라는 점을 간과한다. 가속주의자
들은 지난 수십년 동안의 기술발전이 어째서 노동시
간의 감소를 가져오지 않았는지 설명하지 못한다. 탕
핑주의자들은 어떠한 기술도 신봉하지 않는 메시아
였고, 현존하는 통치 기술시스템에서 '우리는 대안적
사회를 개시할 수 있다'고 여기지 않았다. 이와 반대
로 그들이 실제로 목소리 냈던 것은 만약 노동이 폐
지될 것이라면 지금 당장 한꺼번에 멈추어 버릴 것
을, 그렇지 않으면 영원히 해방될 수 없을 것임을 말
하고자 했던 것이다.

---

5 시대는 거듭해서 새벽마다 그들을 일깨운다(时代都会一次又一次把他们在
黎明时分唤醒) : 애국주의 포퓰리즘 성향이 짙은 중국의 관영매체 『환구시
보』에 실린 논평의 문구를 인용한 것이다. 환구시보는 '탕핑'을 비난하며 이렇
게 서술했으나, 저자는 이 말이 드러내는 진실을 역으로 풍자하고 있다.

버린다. 오늘날 세계 자본주의의 주류 경제 시스템은 빠르게 성장하는 긱이코노미Gig Economy[4] 시스템을 육성하고 있다. 만약 탕핑주의자들이 해낸 가장 큰 기여가 있다면, 여기서 함의하는 바에 따르자면, 질서의 존속을 위해 희생했던 사람들이라는 점이다. 바로 이 점에서 우리가 앞서 언급했던 온건파 탕핑주의자들은 기뻐할 것이다. 왜냐하면, 급진적 탕핑주의자들은 어느 정도 모자란 성도들인만큼 무릎을 꿇고서 기다리는 게 확실히 가장 유리한 것일테니 말이다. 하지만 그들 경제학자들은 그들을 실망시킨 일이 무언지 말하지 않을 것이다. 바로 노동의 민주가 결여된 상황에서 긱이코노미 시스템에 포획된 탕핑주의는 사람들의 급여를 증가시키지 못할 뿐만 아니라, 오히려 노동시간을 더 길게 만들 수도 있다는 점이다.

15 마지막 집단은 비록 설령 뒤늦게 도달하긴 했지만 자동화의 위기를 퍼뜨리는 기술전문가들이다. 대부분의 사람들이 (중국)내부 문제에 초점을 맞추어 이야기하는 것과 다르게, 이들은 자동화 기술의 보급이 인간의 노동력을 빠르게 대체할 것이라고 주장한다. 만약 그때 가서 실업의 물결에 대처하려면 너무 늦는다는 것이 그들의 주장이다. 그렇기 때문에 탕핑은 바로 대규모 자동화 위기에 대한 예행연습이라 할 수 있다. 일단 위기가 닥치면 사회는 탕핑의 기본적인 생활 요구를 만족시키지 않으면 안 된다. 만약 탕핑주의가 가리키는 것이 노동의 폐지를 의미한다면, 가속주의는 그러한 변화가 가져올 선물을 그들에게 가져다줄 것이다. 하지만 현 시점에서 보기에 탕핑주

4 긱이코노미 : 긱(Gig)은 1920년대 미국재즈 공연장 주변에서 필요에 따라 연주자를 일회성 계약으로 섭외해 공연한 데서 유래한다. 플랫폼 서비스의 부흥 이후 온라인 플랫폼 업체와 단기 계약 형태로 용역을 제공하는 공급자를 의미하는 말로 통용되고 있다.

되면, 자연스레 총노동력은 줄어든다. 이에 따라 잉여의 노동자들에게 더 많은 협상력을 가져올 것이고, 그리하여 노동력의 평균가격은 오를 것으로 기대된다. 이러한 논리의 가설은 '내권'의 근원에는 노동시장에서의 공급과잉이 있다는 점이다. 그들은 설령 짧은 기간 안에 탕핑은 소비 수요를 감소시킬 수 있겠지만, 중장기적으로는 반드시 시장이 균형을 찾을 것이라고 믿고 있다.

이러한 시각의 문제는 이들 학자들이 그저 탕핑을 일종의 시장경쟁의 '자연적인' 결과로 볼 뿐이라는 점이다. 하지만 내권은 상호 쟁탈의 민족 성격에서 비롯되는 것 말고도, 인구를 제어하지 못하는 것에서 기인하는 바가 더 많다. 이는 멜서스《인구론》[3]의 또 다른 당대 버전에 불과하다. 다행히도, 시장은 변함없이 모든 것을 해결할 것이라는 거다. 그들의 탕핑Lie to Equilibrium주의는 바로 이러한 질서 속에서 자연적으로 조절되는 동태적 요소에 불과하다. 그렇다면(그들 현대판 멜서스주의자들의 말이 사실이라면) 탕핑주의자들보다 이 사회에 더 큰 공헌을 한 사람이 어디 있겠는가?

사실, 그들은 자진해서 퇴출되는 사람들의 처지에 대해 매우 잘 알고 있다. 그들처럼 자생적인 (이론적 지도를 결여하고 있는) 탕핑주의자들은 항상 노동시장의 정기적인 순환 속에서 가장 말단의 존재가 되어

---

3 멜서스의 인구론 : 고전파 경제학자였던 토머스 맬서스(Thomas R. Malthus)는 1798년 출간한 《인구론》에서 임금이나 토지, 식량은 계속 증가하지만, 인구가 기하급수적으로 증가할 것이기 때문에, 과잉인구로 인한 식량부족과 빈곤은 필연적이라고 주장했다. 이러한 주장은 결함을 안고 있지만, 일종의 이데올로기로 남아 있다. 하지만 자본주의 시스템에서 자본가들은 계속해서 저렴한 인건비로 노동력을 착취하기 위해 (반)실업상태에 놓인 산업예비군을 필요로 한다. 저자 역시 탕핑주의 논쟁에서 드러난 이러한 이데올로기를 비판하고 있다.

사람들이 사회에서 처한 자신의 위치를 정확히 인식해야 한다고 요구하고 본분을 지키자고 한다. 살아 있다면야 물러설 수 없는 게 뭐가 있겠는가? 그런 까닭에 전원생활田園生活로의 퇴각을 호소하는 탕핑주의도 있다. 물론 우리도 충분히 이해할 수 있다. 관료 나으리들의 힐난을 마주했을 때 그들 곁에 누워있는 "급진주의자들"은 당에서 결정된 사안을 집행하는 이들보다 더 그들을 떨게 만들었다. 결국 '습민기民(시진핑 또는 중국공산당의 맹목적인 추종자들)'의 무뢰하고 난폭한 짓은 개같은 관료들의 질서를 더욱 예측하기 어렵게 만든다. 이때 그들은 그저 "대인과 소인은 그저 (종복처럼) 적당한 때에 서서 권리를 구하는 것일 뿐이다"라고 말한 게 전부였다. 하지만, 이마저도 무릎을 꿇고서 한 말이다. 이처럼 무릎 꿇는 식의 속물적인 탕핑Lie to Peace주의[1]를 어찌 연단 위의 통치철학과 구분할 수 있겠는가?

다음은 탕핑주의의 '합리성'을 논증하는 경제학자들이다. 탕핑주의가 국가와 민중에게 불러올 재앙을 비판하는 학자들과는 다르게, 이들은 타고난 낙관주의자들이다. 이들은 "어느 부유한 나라의 젊은이들이 탕핑을 선택하지 않을 수 있겠냐"고 말한다. '네이쥐안內卷'[2]을 맞닥뜨릴 때 탕핑보다 더 좋은 해결책은 없다. 이것은 가장 자연스러운 해결책이기도 하다. 하지만 이것이 바로 탕핑주의자 자신의 논리 아닌가? 하지만 사실 이 이면의 해석은 다음과 같을 것이다. 더 많은 이들이 경쟁으로부터 물러나 탕핑을 선택하게

---

1   탕핑(Lie to Peace) : 저자는 '탕핑(躺平)'에서 '平'의 여러 의미를 활용해 탕핑주의 현상에서 드러난 여러 이데올로기적 분화를 영어로 풀어 평화, 평형, 평등 등 다양한 말로 설명하고 있다.

2   네이쥐안(內卷) : 질적 성장 없는 소모적이고 파괴적인 내부 경쟁. 이로 인한 노동자계급, 청년들의 집단적인 번아웃 현상. 아무리 노력해도 나아지지 않는 현실을 가리킨다.

했겠는가?

일류 탕잉주의자들은 더욱 미혹적이다. 그들은 "탕핑 자유"라는 말을 빌려와 이 유행어를 재테크 상품을 판매하는 광고의 카피로 무난하게 포장했다. 모두가 과로하는 시대에 불로소득("누워서 돈벌기")을 찾는 것보다 더 눈길을 끄는 게 뭐가 있을까. 그렇기에 탕핑주의자들은 두말할 것 없이 그들은 기대에 어긋났다고 느낄 수밖에 없다. 탕핑주의자들은 너무 많은 자산을 위해 고민하기 보다는 어떻게 현실의 가치를 보전할 것인지 고려하면서, 언제나 자기 명의의 빚을 어떻게 탕감할 것인가에 더 관심이 있다. 과거에 탕핑주의자들이 오로지 주류 질서가 그들에게 부여한 채무를 다 갚아내기만 할 때에는, 그들은 항상 채무란 저 앞 어딘가에서 기다리는 무엇이라고 느꼈다. 마치 빚을 갚기 위해 사는 것 같다고 느꼈고, 마치 산다는 것이 바로 마이너스 자산이라고 느꼈다. 하지만 그들은 누구에게 빚을 졌는가? 그들이 철저한 탕핑의 자세로 이러한 구조적인 착취에 저항할 때, 비로소 출구를 찾았다고 느낄 수 있을 것이다. 이것이 바로 탕핑주의가 진정으로 찾고자 하는 자유일 것이다.

바짝 뒤따른 것은 일군의 온건파 탕핑주의자들이다. 그들은 마치 어떤 기회를 놓칠세라 두려워 하면서, 당당한 사람들의 발뒤꿈치를 밟고 달려왔다. 그들은 "이제 와서 누가 이 세상의 변화를 깨닫지 못하겠느냐"고 말한다. 하지만 뻔뻔스럽고 범상치 않은 인물인 그들이 국면을 좌지우지하기를 기대할 수 있겠는가? 그렇기 때문에 그들의 탕핑주의는 한마디로 탕핑이 아니라, 일탈하지 않고 일분일초라도 개인의 능력 범위를 초과하는 일이다. 다시 말해, 그들은 모든

하지만 이를 두고 통일적인 탕핑주의가 존재한다고 봐선 안 된다. 탕핑주의자를 자칭하는 사람이 처음 출현했을 때, 그는 이것이 이렇게 큰 파장을 일으킬 것이라고는 결코 예상하지 못했을 것이다.

탕핑주의에 대한 옹호가 이처럼 열렬하다보니 위협을 느낀 사람들마저 스스로 이러한 이론의 지지자인 척 행세해야 할 정도가 되었다. 이 사람들 중에서 진정한 동지가 있을까? 가장 먼저 앞으로 나아간 사람들은 바로 담론의 도움으로 더 열심히 전심전력으로 기어다녔을 뿐이다. 탕핑주의자의 '동반자'에 대해서는 그들 자신의 얼굴에 배설물을 돌려주는 것말고 혹시 다른 방법이 있을까?

먼저 얼굴을 노출 시킨 것은 당당한 탕잉躺贏(탕핑에서 파생된 유행어로, '눕는게 이득'이란 뜻)주의자였다. 오래된 저택을 드나들고 화려한 수레와 훌륭한 말香车宝马에 오르내리는 '고귀하게 누워있는' 일족인 그들은 탕핑주의가 자신들이 따르는 그러한 질서의 우월성을 아주 분명하게 보여준다고 주장한다. 하지만 그러한 질서 속에서 그들보다 더 앞서 누웠던 이들이 또 있었던가? 다만 그것만으로도 그들은 매우 큰 발언권을 점유할 수 있던 것이다. 자신의 삶을 등사지로 삼은 그들은 탕핑이 일종의 풍부한 물질적 기초 위에 세워진 향락주의라고 굳게 믿고 있다. 하지만 풍유로운 국가일수록 아무 일도 하지 않는 한량들을 먹여 살려야 하는 경우가 많다는 것이고, 따라서 이러한 "나라에서 탕핑하는 것은 근본적으로 '탕잉'의 일종이 된다"는 것이다. 이 말은 뒤집어서 이해하는 게 보다 정확할 것이다. 만약 지금껏 탕잉Lie to Win이 존재하지 않았더라면, 사람들은 어떻게 '탕핑Lie to Equality'를 추구

탕평
주의자
의

'동반자'

통치와 아무런 연원이 없다. 일종의 급진적인 탕평주의는 현존하는 질서에 대한 총체적인 거부를 지향한다. 탕평주의자들은 체제에 대한 수렴을 매정하게 조롱하고 있으며, 어떠한 우대나 위문, 폄하 모두에 대해 조금도 동요하지 않는다.

세계를 90도만 돌려서 보면, 사람들은 평소에는 말할 수 없는 진리를 발견하게 될 것이다. 바로 눕는 것이 서는 것이고 서있는 것은 기어가는 것이란 점이다. 이 같은 객관적인 시각은 탕평주의자와 우리나라 국민들 사이에 넘나들 수 없는 걸림돌이 되고 있다. 세상이 완전히 뒤바뀌기 전에는 탕평주의자들이 자신들의 자세를 바꿀 이유가 없다.

한 전염병과 같은 흐름에 그들은 당황할 수밖에 없었다. 하지만, 그들은 이 철학(그것은 매우 빠르게 철학으로 성장했다)이 인민들이 맞닥뜨린 현실 문제를 어느 정도 반영하는 거울상이라는 점을 인정하기보다는, 차라리 예전처럼 적대세력이 조장하는 망령이라고 공언하고 싶어했다. 이렇게 떠드는 것도 실은 무리는 아니다. 왜냐하면 과거에 우리 인민들은 언제나 가장 모범적인 생산도구였기 때문이다. 세계에서 매우 드물고 유별난 사회 공장은 기계들이 매끄럽게 작동될 수 있도록 할 수 있었고, 아무 소리도 나지 않게 할 수 있었다. 마치 기계 자체가 일종의 허공인 것처럼 마찰이 생기지 않았던 것이다. 인민 스스로가 허공을 방불케 했고, 이 나라는 기적처럼 허공 속에서 구할 수 있는 일종의 실재하는 형식이었다.

탕평주의자들에 대한 비난이 쏟아져나왔다. 하지만 이러한 비난들은 누워 있는 사람들이 고개조차 들지 않을 정도로 진부하고 창백한 것이었다. 탕평주의자들이 게으른데다 천성적으로 불량하고 아무런 포부가 없는 거렁뱅이 같은 오합지졸이라고 주장하는 사람들은 최소한 한번쯤은 반박을 들어야 한다. 눕는다는 것이 어느 정도는 손쉬운 행동이라고 당연하게 생각해서는 안 된다. 오히려 정반대로, 탕평주의자들은 오히려 누워버리는 그 순간부터 이미 국가의 외부에 있었다고 할 수 있다. 그들은 존재 자체로 또 다른 종족집단을 구성했을 뿐만 아니라, 그들이 몸을 뉘인 그 땅조차 이전의 국가와는 아무런 상관이 없는 편제 바깥의 땅이 되어버렸다. 만약 이러한 상태에서 어떠한 방해도 받지 않길 원한다면, 그것은 어떠한 주권이나 재산권과는 무관해야 하지 않을까? 신체는 소유나 분배로부터 끊겨져脫鉤 있고, 토지는 경영이나 눈 앞에서 벌어지는 일들에 고개를 갸우뚱거리던 일부 청년들은 일찍이 누워躺平있었다. 그들은 험난한 삶에 쓰러졌다기보다는 그저 목숨이란 것의 본능적인 형식을 존중했을 뿐이다. 휴식하거나 잠에 들 때, 아프거나 병에 들었을 때 우리는 죽음에 가까운 자세를 취하며 모든 것을 다시 시작하거나 멈추지 않고, 시간 질서 자체에 대한 거부에 몰두한다. 생명을 연료로 바꾸려는 위대한 시대의 부름들은 일찍이 극도로 흥분하며 앞으로 가라고 그들을 재촉해왔다. 지금도 여전히 한 마리의 파리처럼 밉살스럽게 귓가에 맴돌고 있다. 이는 일종의 마법이 효력을 상실하는 순간이자, 또 다른 마법이 부활하는 순간이다.

사실 만약 탕핑주의자들의 각성이 없었다면, 사람들은 이미 이 세상에 아직 '정의'란 것이 남아 있다는 걸 잊었을 것이다. 마치 사축社畜이 먹고 살기 위해 착취자에게 잃어버린 시간을 호소하려는 듯, 같은 길을 따르는 탕핑주의자들은 지난 시간에 대한 한계치 없이 가불한 착취에 대한 보상을 요구한다. 그 배상 요구들 중 어떤 결말은 실행자가 개인의 요구를 압축하도록 요구하여, 최소한의 소비와 최소한의 노동으로 생존을 이어가도록 힘쓰고 있다. 그보다 더 높은 요구는 의심할 여지 없이 사회 전체가 시간과 공간의 분해와 재설정을 요구하는 것에 있다. 이때 눕는다는 것躺平은 대다수 사람들이 할 수 있는 실천이 될 수 있다. 하지만 분명히 앞서 드러난 것은 전자의 탕핑躺平이었다.

특권을 지키는 것에 대한 확신을 결여하고 있는 신구 귀족들이 한곳에 모여들었다. 노동력을 거꾸로 떨어뜨리고, 백신이 무효하다는 해로운 생각을 지닌 이러

사람 : 거품